AF212398

Cómo John Silver el Largo no aprendió a leer

La lectura no es útil, ni inocente

Cómo John Silver el Largo no aprendió a leer

La lectura no es útil, ni inocente

Lección magistral leída en el solemne acto de apertura del curso 2023-2024

Josep Ballester i Roca

2024

VNIVERSITAT ᴅᴇ VALÈNCIA

FOTOCOPIAR LIBROS
NO ES LEGAL

Esta publicación no puede ser reproducida, ni total ni parcialmente, ni registrada en, o transmitida por, un sistema de recuperación de información, en ninguna forma ni por ningún medio, ya sea fotomecánico, fotoquímico, electrónico, por fotocopia o por cualquier otro, sin el permiso previo de la editorial.

© *Del texto*: Josep Ballester i Roca, 2024
© *De esta edición*: Universitat de València, 2024
Maquetación: Publicacions de la Universitat de València

ISBN: 978-84-1118-397-0
Depósito legal: V-2148-2024
Impresión: Safekat S. L.

Excelentísima y Magnífica Rectora de la Universitat de València,
Muy Honorable Presidente de la Generalitat,
magníficas rectoras y magníficos rectores de las universidades valencianas,
excelentísimas e ilustrísimas autoridades,
compañeras y compañeros, amigas y amigos, señoras y señores:

Es para mí un gran honor pronunciar la *lectio* de hoy en el solemne acto de apertura del curso académico 2023-24 de la Universitat de València, que es también la apertura oficial de curso de las universidades valencianas.

Esta lección versa sobre la educación lectora, literaria y, en especial, sobre los problemas de comprensión que encontramos en las últimas décadas en nuestros jóvenes y, asimismo, en una parte no poco significativa de la sociedad.

LOS TESOROS DE UN TRAYECTO

Creo recordar que leí *La isla del tesoro*, de Stevenson, por primera vez, hace ya muchos años, en una imprecisa traducción, pero sí que tengo muy presente que era de una de las colecciones de la editorial Bruguera donde ya había leído la historia de un tal Peter Pan, y que no tardé, en exceso, en mirar de reojo a aquel personaje un poco petulante y pendenciero que volaba gracias a los polvos mágicos de una pequeña hada. Poco después me topé con *Miguel Strogoff: El correo del zar* y otros tesoros literarios.

He de señalar que tanto la trama y las aventuras como algunos de los protagonistas en constante búsqueda de una, en ocasiones, imposible identidad, me cautivaron en aquel viaje, transformándome en un ser humano muy diferente. Puede que fuese una de mis primeras conexiones personales con la literatura escrita que me proporcionó placer. La oral ya la había experimentado en piel y alma, entre otras cosas, por lo buen narrador que era mi padre, con unos cuentos cargados de una buena dosis de imaginación, una pizca de descaro, todo sea dicho, y bastante ironía. Nuestra tradición rondallística.

Vuelvo a *La isla del tesoro*. Aquella aventura de piratas, como bien saben ustedes, es mucho más que eso y ha fascinado a muchas generaciones de lectores. Un clásico imperecedero de todos los tiempos donde se fusiona la narración pura con un estilo penetrante y sin grietas, donde la densidad moral de todo aquello que acontece se mezcla con una ambigua atmósfera de un viaje existencial de iniciación, que es una parte fundamental de la literatura. Toda una *Bildungsroman*. Piensen ustedes en la *Odisea*, *La educación sentimental* de Flaubert, *La montaña mágica* de Thomas Mann o *El guardián entre el centeno* de Salinger. El libro ha estimulado sueños y los ha nutrido de entusiasmo por la aventura, en la penumbra de una casa en la Ribera del Xúquer, donde por la noche se vestía según la lectura que tuviese en las manos o la rondalla que me hubiese contado mi padre. Sin duda escuchaba desde muy lejos cómo se acercaba, muy poco a poco, el ruido firme pero renqueante que hacía la muleta de madera de John Silver el Largo cuando caminaba por la cubierta del barco o las voces cavernosas de los filibusteros en el momento en que cantan:

> Quince hombres van en el cofre del muerto,
> ¡Ay, ay, ay, la botella de ron!
> La bebida y el diablo dieron con el resto,
> ¡Ay, ay, ay, la botella de ron!

La isla del tesoro ha sido y todavía es, estoy seguro de ello, el encanto que ha conectado eternamente a un gran número de lectoras y lectores con la literatura. Incluso podemos encontrar un ejército nada desdeñable de escritoras y escritores para quienes Robert Louis Stevenson ha sido uno de sus creadores predilectos. Citemos algún caso:

La breve y valerosa vida del escocés fue una lucha contra la tuberculosis, que lo persiguió de Edimburgo a Londres, de Londres al sur de Francia, de Francia a California y de California a una isla del Pacífico, donde, al fin, lo alcanzó. Pese a tal asechanza, o tal vez urgido por ella, ha dejado una obra importante que no contiene una sola página descuidada y sí muchas espléndidas.

Lo dice Jorge Luis Borges (2000: 50). O pensemos en algún otro buen escritor:

Quisiera decir unas palabras sobre los últimos momentos de Stevenson. Como ya sabéis, no soy de los que andan buscando material de interés humano al hablar de libros. El interés humano no es mi especialidad, como solía decir Vronski. Pero los libros tienen su destino, según la cita latina, y a veces el destino de los autores sigue al de sus libros. [...] Y hay algo en la muerte de Stevenson en Samoa (1894) que imita de manera singular el tema del vino y el tema de la transformación, tan atractivos para su fantasía. Bajó a la bodega a subir una botella de su borgoña favorito, la descorchó en la cocina y de repente llamó a gritos a su mujer: ¿Qué me pasa? ¿Qué es esto tan extraño? ¿Me ha cambiado la cara? Y cayó al suelo. Se le había reventado un vaso sanguíneo en el cerebro y falleció un par de horas después. ¡Cómo me ha cambiado la cara! Hay una extraña relación temática entre este último episodio de la vida de Stevenson y las fatales transformaciones de uno de sus maravillosos libros (Nabokov, 2009: 200-302).

A menudo, mucho más de lo que nos pensamos, la vida imita al arte y, en este caso concreto, a la literatura. Cada obra creativa posee su destino y, a veces, el destino de los autores sigue el de sus obras. Recordemos otro caso muy paradigmático, el del viejo Tolstoi, que una noche abandona a su familia para morir al fin en el cuarto de un jefe de estación, mientras nevaba como solo sabe nevar en la literatura rusa, en medio del trasiego de los trenes que mataron a Ana Karenina. Poca broma, por lo tanto.

¿Quién no recuerda a John Silver el Largo? Aquel «caballero de la fortuna», el célebre «pata de palo» de *La isla del tesoro*. De espíritu rebelde, valiente y muy perspicaz, el intrépido marino que surcó los océanos a las órdenes de piratas tan temidos como England o Flint. Hizo negocios de contrabando en las costas de Francia y fue vendido como esclavo en las Antillas, convirtiéndose en el personaje más carismático de R. L. Stevenson. Este hombre seductor, capaz de mil traiciones y siempre dispuesto a pactar para poder sobrevivir, hasta con el demonio. Personaje fascinante y muy complejo. No solo seduce al joven Jim, sino también a ambos bandos en litigio en el relato, incluso al propio lector.

Años después de la muerte del escritor escocés en Samoa, se encontraron documentos importantes; por ejemplo, el testamento que escribió el mismo John Silver el Largo, recuperado y anotado por un tal Josep Vallverdú, que el pasado 9 de julio cumplió 100 años, aún muy activo en la escritura. O algún que otro papel que nos narra su intensa vida, una especie de autobiografía imposible desde un supuesto retiro a la isla de Madagascar. Cosas que sabemos de él, aunque como buen camaleón son cambiantes: parece que sirvió en la Marina Real y que perdió la pierna en una batalla defendiendo los colores de Gran Bretaña; sin embargo, después hemos descubierto que en realidad la perdió en un abordaje pirata en Trinidad. Su dualidad es permanente. Creemos que Stevenson es un maestro en estos difíciles asuntos de duplicidades.

Su relación con Jim Hawkins, el protagonista de la novela, es especialmente poliédrica, le ve como un hombre audaz por el que siente una gran admiración y con ello le produce una contradicción cuando se descubre que él es responsable del motín. Se revela entonces que juega a dos bandas. O que siempre esconde alguna carta para hacer póquer. Sin embargo, no nos olvidemos de que según avanzamos en la evolución de Jim Hawkins también es más ambiguo en su comportamiento y muy inextricable en muchos momentos de la trama, cuando debe tomar decisiones entre el mundo de la legalidad y el mundo (más peligroso, eso sí, pero mucho más fascinante) de los piratas.

En este largo viaje en busca de la identidad, no le falta razón a Savater (2002) cuando considera que la novela es, ante todo, una reflexión sobre la audacia. John Silver el Largo y Jim Hawkins piensan que es necesario tomar decisiones en los momentos importantes. Pero solo quien toma decisiones se gana el derecho a seguir su propio camino y no el de los demás. Como hacemos en el aprendizaje lector, nuestra trayectoria determinará la propia interpretación y nuestro conocimiento. La comprensión y la competencia lectora marcarán este aspecto, que será personal e intransferible.

Si bien dispuesto a deshacerse de los antiguos aliados en cualquier momento en función únicamente de su supervivencia, el cocinero Silver, no olvidemos que de mote le llaman Barbacoa (en inglés, *The Sea-Cook*, que, asimismo, fue el título original del relato antes de editarse en formato libro), tiene virtudes compensatorias: es lo suficientemente listo como para administrar el dinero, a diferencia de la tendencia a derrochar que caracteriza a los piratas, y es valeroso, a pesar de su discapacidad física (ciego de un ojo y cojo); por ejemplo, cuando encuentran vacío el escondite de Flint, él, con serenidad, se mantiene firme contra cinco hombres peligrosos, a pesar de tener solo a Hawkins con él.

Cuando Silver se escapa al final de la novela, se lleva «trescientas o cuatrocientas guineas», convirtiéndose así en uno de los dos únicos antiguos miembros de la tripulación de Flint que ha podido poner sus manos sobre parte del tesoro. La propia ambivalencia de Jim hacia Silver se refleja en el último capítulo, cuando especula que el viejo pirata debe de haberse instalado en un cómodo retiro: «Y ojalá así sea, porque sus posibilidades de gozo en el otro mundo son harto escasas». Algo que, como todos saben, no es cierto. No solo se ha transformado en la iconografía moderna del pirata, acompañado siempre de un loro, llamado Capitán Flint como burla hacia su antiguo patrón. Desde el momento en el que huye cuando finaliza la ficción de Stevenson hasta la actualidad, su evolución no ha cesado. Se le han dedicado estudios, representaciones de todo tipo, poemas, canciones de rock, más de un cómic y novela gráfica, no pocas adaptaciones cinematográficas y de animación. Algunas, todo sea dicho, exquisitas.

Desde que aparece en la historia, John Silver el Largo impregna cada una de las páginas con su formidable presencia: casi siempre halagador y obsequioso, a ratos oscuro e implacable, descreído y de un humor socarrón, en todo momento más temible que un alacrán por mucho que nos pueda seducir con la mirada o con las dotes persuasivas de la palabra. A veces su lenguaje parece coloquial, otras es muy refinado, siempre críptico cuando lo considera oportuno. Stevenson marca unas profundas diferencias con el resto de la banda de bucaneros.

Los piratas (de aquellos que pululan por la novela destacan Perro Negro, Ben Gunn, Billy Bones, Pew o Israel Hands) son un grupo de individuos que no conocen más autoridad que la propia; tienen su código intransferible. En el fondo, son un curioso símbolo de la democracia libertaria, nadie manda sobre ellos, a menos que así lo elijan, y por rigurosa cuestión de méritos. En todo ello el lector o lectora nos puede recordar a los piratas, ninguna imposición social nos determina el amplísimo abanico de la lectura, somos en el fondo traficantes de palabras, como apunta Woolf (2009: 64):

> Permitir que unas autoridades, por muy cubiertas de pieles sedosas y muy togadas que estén, entren en nuestras bibliotecas y dejar que nos digan cómo leer, qué leer, qué valor dar a lo que leemos, es destruir el espíritu de libertad que se respira en estos santuarios. En cualquier otro lugar nos pueden atar leyes y convenciones; aquí no cabe.

LA LECTURA: EL COMPLEJO PROCESO DE APROPIARSE DE UN TEXTO

A partir de estas palabras sobre los piratas de *La isla del tesoro*, nos gustaría reflexionar de manera crítica en torno al complejo universo que supone la lectura y sus consecuencias. Ser lector, este largo proceso que transcurre por ámbitos de alta dificultad. Piensen ustedes que investigadores de disciplinas sumamente alejadas están interesados por la lectura, desde la psicología social hasta la neurología, pasando por la inteligencia artificial y la didáctica de las literaturas y de las lenguas. Esta acción poliédrica se afirma como un ejercicio de recepción y diálogo. Ya que parece un placer muy poco útil, ahora utilizo el significado tal y como lo aplica Nuccio Ordine en su manifiesto *L'utilità dell'inutile* (2020), en el que indaga sobre el papel fundamental de seguir vigilando tanto en las universidades como en la educación en general ese afán, ese deseo de saber y de investigación, no siempre con el objetivo inmediato práctico en el que tradicionalmente se ha basado la *dignitas hominis*.

El placer de leer no constituye una actividad que se genere y luego se desarrolle de modo espontáneo. No implica, de ninguna manera, una práctica sencilla ni una destreza automática. De ahí, entre otros motivos, la importancia de la llamada educación lectora y literaria. Por tanto, pensar en la utilidad y el placer en estos términos es ir a contracorriente, al revés de aquello que nos vende esta sociedad de consumo desaforado: creo que todavía tiene una pizca de acto de resistencia.

Con frecuencia escuchamos cómo numerosos padres, al caracterizar las aficiones de su hijo o de su hija, concluyen: «no le gusta leer». Al pronunciar estas palabras, exhiben inquietud por el futuro de sus descendientes, así como, en un cierto sentido, la decepción ante la falta de una preferencia marcada por la lectura. Sin embargo, con aparente pesar, estos mismos progenitores omiten un factor esencial: el olvido de la propia afición a la lectura. A propósito, podemos ejemplificar este aspecto con la ilustradora y dibujante de viñetas Flavia Álvarez-Pedrosa Pruvost, conocida como Flavita Banana, que realizó una viñeta que muestra muy bien este aspecto: intente imaginar un banco donde se sientan dos madres con sus dos criaturas. La primera está leyendo, al igual que su hijo, que también tiene un libro en las manos. La segunda mira el móvil, al igual que el hijo. Con el teléfono en la mano, le pregunta a la otra madre: «Y usted, ¿cómo hace para que su hijo lea?». Sobran los comentarios.

En esencia, a través de este ejemplo se deduce el desplazamiento del foco en cuanto al planteamiento del hábito lector se refiere, porque ya no se trata de determinar cuánta gente no sabe leer, sino de quién no quiere leer y qué motivación alega.

En otros términos, estamos aludiendo a la necesidad de vincular de manera explícita los índices de lectura con el placer por leer, tal y como lo haremos a continuación. De hecho, la Federación de Gremios de Editores de España y el Ministerio de Cultura, como nos tienen acostumbrados desde hace años, publican el *Barómetro de hábitos de lectura y compra de libros*; comentaremos algunos de los datos más relevantes de su último estudio (2023).

El 68,4 % de la población española mayor de catorce años afirma que lee libros en cualquier formato, ya sea por ocio, por motivos de trabajo o por estudios. Si tenemos en cuenta solamente a la población que afirma leer en su tiempo libre, el porcentaje baja al 64,8 %. De esta cifra, aquellos que leen con una frecuencia diaria o semanal son el 52,5 % de la población. Cabe señalar que desde el año 2000, cuando se inició la publicación del *Barómetro*, se ha observado una tendencia creciente en el número de personas que leen con frecuencia. Pero hay un dato preocupante, el lector ocasional, aquel que lee una vez cada tres meses, es el 12,3 % y el no lector es el 35,2 %. Es decir, el 47,5 % no son lectores habituales.

En la radiografía de la lectura los datos aportados vuelven a demostrar desde hace ya muchos años que el porcentaje de mujeres lectoras (64,1 %) es superior al de los hombres (54 %). Por tanto, el perfil lector en el Estado español es una mujer con estudios superiores.

La tasa de lectura mengua a medida que aumenta la edad. Los jóvenes entre 14 y 24 años son el grupo de población que más lee (74,2 %), mientras que la cifra desciende entre los mayores de 65 años (51,9 %), pero cabe señalar que es el grupo de población en el que más se ha incrementado la proporción de lectores en la última década.

El nivel de formación es un factor que determina este hábito. La proporción de lectores es mayor entre la población con estudios superiores.

El mayor índice de lectura se registra entre aquellos que disponen de titulaciones universitarias (86,5 %), cifra que se reduce entre aquellos que tienen titulaciones secundarias (62,3 %) y, más significativamente, entre la población con formación primaria (39 %).

Las comunidades autónomas con una ratio de lectores en su tiempo libre superior a la media del país son Madrid, Cataluña, Navarra, País Vasco, La Rioja y Aragón. El País Valencià se encuentra exactamente en la media. El resto está por debajo de esta media aritmética, que es del 64,7 %. Persisten, por tanto, importantes desequilibrios regionales.

En esta línea de reflexión destacamos la presencia de una paradoja de drásticas consecuencias para los implicados, pues con frecuencia nos encontramos con personas que sufren un analfabetismo de segundo grado o funcional: saben leer, al menos, aparentemente. Nos referimos a la lectura mecánica, que funciona con vacilaciones. No obstante, debemos recordar que la validez de todo acto de lectura se rige por la comprensión. Esta lectura puede oponerse a la profunda, aquella que permite expresar un texto en su riqueza, interpretarlo y, al mismo tiempo, disfrutarlo. No se trata de mecerse en la superficie de un texto, sino de irrumpir y acceder a su epicentro y, por tanto, de descubrir la belleza, pero también las trampas, los mecanismos, los secretos de un texto. La lectura acompaña al espíritu crítico. O al menos debería guiarlo (Ballester, 2011, 2015; Ballester e Ibarra, 2021).

Así, leer representa mucho más que descifrar unas marcas gráficas arbitrarias. Saber leer implica la apropiación de aquello escrito: elegir la lectura, integrarla, ser capaz de usarla, de complementarla ampliándola con el resto de lecturas. Por tanto, no puede considerarse de ningún modo como una acción pasiva, pues constituye, en primer lugar, una búsqueda y una construcción de sentido.

Las facultades de jugar, de reír, de descubrir, de maravillarse, de leer el mundo y de leerse personalmente no deben –o no deberían– desaparecer con el final de la infancia. El ser humano es curioso porque pretende vivirlo todo, y esta tendencia natural implica como presupuesto de base una incontenible aspiración metafísica a serlo todo. Este es, en esencia, el disfrute que nos ofrece la literatura. Las lecturas nos divierten porque confirman nuestro propio ser. Porque nos transforman, nos enriquecen, nos afirman, ya sea de una manera fugaz o imaginativa. Según Robert Gloton (GFEN, 1978: 19):

> El poder de leer le es dado solamente a aquel que sabe hacer de la lectura una operación eminentemente activa, aquel que sabe adoptar esta actitud a la vez de espera y de interrogación en relación con el otro, actitud de recreación de un pensamiento ajeno que supone que sabe escuchar. Sartre tenía razón en ver en la lectura la síntesis de la percepción y la creación. Quien posea ese poder de compromiso total con la búsqueda del diálogo tendrá necesariamente gusto por la lectura; y la riqueza de la producción literaria será para su deseo una excitación permanente. Quien no haya adquirido esta actitud a la vez intelectual y sensible no sabrá leer. La ausencia del poder de leer implica necesariamente la del placer de la lectura. Por eso resulta comprensible que tanta gente no lea.

Esta reflexión nos permite también valorar hasta qué punto el poder de leer dista de reducirse a una simple cuestión instrumental: es el fruto de toda una educación. Y nosotros diríamos que de toda una vida, pues, realmente, nunca se sabe leer lo suficiente.

LA TEMPERATURA A LA QUE EL PAPEL DE LOS LIBROS ARDE

La actividad de leer nunca podrá calificarse como inocente. Como apuntó Victor Hugo, las lecturas han transformado a los hombres y a las mujeres de despacho en seres humanos de acción. Los libros, su influencia, modifican a los lectores: el hidalgo Alonso Quijano malbarata su hacienda al son de su hechizo y, para cuando la gente razonable arroja al fuego las novelas que le habían sorbido el entendimiento y tapia la puerta de su biblioteca, ya es demasiado tarde, porque todas las palabras escritas en aquellos objetos denominados libros lo han transformado. Al igual que le sucede a Emma Bovary, que estaba predestinada a la tranquilidad conyugal. A partir de sus lecturas, desea que su vida fluya como una novela y, de hecho, así transformó el futuro hasta sus últimas consecuencias.

La lectura y los libros constituyen un riesgo de inusitadas proporciones para la vida de sus lectores, tal y como hemos comprobado hasta ahora. No obstante, también pueden comportar peligros para el nivel más físico, como les ocurre a todos aquellos que en un monasterio de la Italia septentrional, concretamente durante la última semana de noviembre de 1327, sienten un extraño interés por algunos libros prohibidos y se encuentran con el castigo divino o el Maléfico. El afán de conocimiento les provoca horribles consecuencias. Fray Guillermo de Baskerville y su ayudante Adso de Melk son testigos de ello. Se conocen otros casos, como en un libro llamado *El Necronomicón*, cuya propiedad corresponde a un árabe nada cuerdo, Abdul Alhazred; abrirlo es suficiente para perder la razón y también la vida. Lo relata de manera precisa y minuciosa Lovecraft, que según parece murió perseguido por unos seres invisibles y terribles. Incluso una persona cultivada como el librero suizo Johann Georg Heinzmann, que vivió en el siglo XVIII, llegó a pensar que la manía y el hábito lector incontenible de muchos seres humanos representó la causa de una de las catástrofes de su época, según él, como la Revolución francesa.

Siempre hemos pensado que la palabra puede detener la violencia. Uno de los casos más paradigmáticos es aquella sagaz princesa que frenó la barbarie del sultán Shahriar en el país de *Quitab alif laila ua laila*. Una tal Sherezade simboliza, en cierto modo, la persuasión de la palabra llevada al máximo exponente. La palabra leída o contada: el juego de las metáforas y la belleza que es capaz de aplazar la violencia durante mil y una noches.

Los poemas de Auden, el gran poeta inglés al que leía Joseph Brodski durante el tiempo que pasó en Siberia, condenado a trabajos forzados, fortalecieron su decisión de desafiar a aquellos que le vigilaban y sobrevivir a la espera de una libertad que no era nada segura. U otro caso, el de Dostoievski con las Sagradas Escrituras. Razones se han aducido para prohibir y censurar desde *Pinocho* hasta *Los viajes de Gulliver*, pasando por *Maus*, de Spiegelman, aquel cómic ganador del Pulitzer, o *El guardián entre el centeno*, de Salinger. Según parece, la lectura de la literatura puede provocar ideas sediciosas. O consecuencias todavía más extravagantes, como las razones mencionadas por el pedagogo Karl G. Bauer en el año 1791, para quien la falta de movimiento que se sufría por leer, junto con la gran diversidad de ideas y de sensaciones, podía provocar «la somnolencia, la obstrucción, la flatulencia y la oclusión de los intestinos con consecuencias bien conocidas sobre la salud sexual de ambos sexos, muy especialmente del femenino» (Bollmann, 2006: 25).

La lectura simboliza, asimismo, un intercambio. La interacción existente entre el texto y el lector, el producto de un diálogo en el que se negocia entre la coherencia interna del texto y aquella que el lector le atribuye. Por eso, leer no significa, en esencia, más que una conversación y, desde esta óptica, nos regala un amigo que habla y que escucha. No obstante, el coloquio lector implica, sobre todo, recreación. La lectura nos engendra. Todo lo que se lee es íntimamente forjado. Cuando lee, una persona se lee a sí misma. El pensamiento de Kant, el significado humano de Hamlet o la pasión que Carmesina siente por Tirant lo Blanch vuelven a nacer, recreados por el lector.

Así, podríamos afirmar que la lectura supone también vivir reviviendo o, dicho en otros términos, la obra se mantiene viva cada vez que la leemos, cada vez que un ser humano la ha leído a lo largo de la historia. Y, en este sentido, podemos aventurar con certidumbre la existencia de textos que siempre han gozado del aliento lector, que no han dejado de ser leídos ni un solo día desde el momento en el que se escribieron (Ballester, 2007 y 2015).

De las muchas religiones existentes en el mundo, las más extendidas se fundamentan en un libro, que para los creyentes tiene carácter sagrado; pensemos por ejemplo en la Biblia, el Corán o el Tao Te King. En algunos casos, este libro puede transcribir la única verdad, por lo que rebatirla o distorsionarla constituye una herejía que, en consecuencia, es condena-

18

da y perseguida. En esta línea, podríamos citar como uno de los casos más espectaculares en nuestros días el de la fatwa lanzada contra Salman Rushdie y sus *Versos satánicos*. Como todos saben, hace ya un año, en agosto, sufrió un atentado en Nueva York durante una conferencia.

No obstante, estas muestras no constituyen casos singulares, sino que a lo largo de la historia se constatan numerosos ejemplos, como los de Erasmo de Rotterdam, Teresa de Ávila, Nicolás Copérnico o François Rabelais. Cuando este último, en el año 1532, publica las aventuras de Pantagruel, Calvinus o Calvino (Jean Cauvin), teólogo protestante francés, dirá: «Hete aquí un pisaterrones que lanza indecentes pullas contra las Santas Escrituras: como ese diablo denominado Pantagruel y todos esos estiércoles y vilezas. Todos ellos son perros rabiosos que vomitan sus inmundicias contra la majestad de Dios» (2008: 179). Así se inician las persecuciones. Comienzan quemando libros y acaban quemando a personas, tal y como nos explicaría Heinrich Heine o un célebre aforismo de Joan Fuster.

Desgraciadamente, evidencias de exterminio de libros y de bibliotecas podemos rastrearlas en todas las épocas hasta llegar hasta nuestros días. Desde el incendio de la legendaria Biblioteca de Alejandría a la destrucción del Instituto de Estudios Orientales de Sarajevo, desde la quema de libros por los nazis o por la dictadura franquista al saqueo de las bibliotecas de Bagdad de 2003. Tras todas y cada una de estas acciones subyace un único propósito: el intento de borrar la memoria del enemigo o las ideas que la sustentan. Los libros y las bibliotecas instauran un punto de referencia, pues no solo ofrecen una práctica del pasado, sino también una actuación realizada en el presente y de cara al futuro.

Incluso cuando un país o una ciudad son «liberados» –y permítanme esta imagen nada apropiada– de un régimen dictatorial. Por ejemplo, en Irak y sobre todo en Bagdad, cuando fueron ocupadas en nombre de la libertad por tropas de EE. UU., se inició un proceso de aniquilación, podemos decir, por omisión, que de forma nítida contravenía las cláusulas de la Convención de la Haya de 1954 y de los protocolos de 1972 y 1999.

19

Es cierto que el ejército norteamericano no quemó bibliotecas o centros culturales, pero tampoco hizo nunca nada para protegerlos. Esto provocó un vandalismo profesional y nada inocente de rapaces. En pocos días, además de la desaparición de objetos de gran valor del Museo Arqueológico, también se quemaron, entre otros, un millón de libros de la Biblioteca Nacional o un grandísimo número de obras y ejemplares de las bibliotecas universitarias de todo el país.

«Era un placer quemar. Era un placer especial ver cosas devoradas, ver cosas ennegrecidas y cambiadas». Así comienza un libro tan célebre como *Fahrenheit 451*. Pueden quemar libros, pero jamás las palabras.

EL APRENDIZAJE DEL PROCESO LECTOR

A partir de la lectura tomamos conciencia no solamente de los otros, sino de la inmensa materia en perpetua formación que entraña el lenguaje. Su desarrollo proporciona una mejor capacidad para una mayor comprensión del mundo, para la exploración del mundo y, consecuentemente, para disfrutar del mundo.

Debemos tener siempre presente que todos (padres, educadores, mediadores, así como también administraciones educativas locales, de comunidades autónomas o estatales, y la sociedad en general) desempeñamos un importante papel en el aprendizaje de las costumbres lectoras de los niños y las niñas. Por tanto, si de verdad queremos que se instaure como una actividad ejercitada con frecuencia, resultará esencial que en el entorno de los pequeños haya adultos que practiquen y ayuden a cultivar la lectura como placer, concepción que no tiene nada que ver, ni mucho menos, con la lectura entendida y vivida como una obligación. Un mal encuentro con la lectura siempre produce rechazo y desmotivación.

En este sentido, podemos afirmar que la lectura escenifica un proceso plagado de obstáculos durante el que, como si se tratase de un viaje iniciático, *La isla del tesoro* y tantísimas obras literarias lo son. Existe el riesgo de quedarse a mitad del camino o, incluso, de querer volver atrás, dado que así de complicadas resultan las etapas que hay que recorrer y los obstáculos que se deben superar. Esta aseveración no puede considerarse de ninguna manera gratuita, puesto que, con frecuencia, nos topamos con teorías e investigadores que ocultan la dificultad de la tarea a la que el niño se enfrentará por primera vez. Así, por ejemplo, explican Bruno Bettelheim y Karen Zelan (1982: 60) la percepción de la relevancia de la lectura en las fases iniciales:

> No es su mérito objetivo, sino la elevada valoración paterna aquello que hace que la lectura resulte tan atractiva para el niño. Este atractivo no emana de los propósitos racionales y utilitarios que los padres puedan satisfacer por medio de la lectura. Aquello que le aporta atractivo para él es el hecho de que parece fascinar a sus padres. Lo que el niño desea poder compartir es el conocimiento secreto de los padres.

De manera semejante, pero ahora en relación con el aspecto lingüístico y también con la concepción de la lectura, destacamos los episodios vividos por el escritor Elias Canetti, nacido en el año 1925 en Rustschuk, en aquel momento ciudad del Imperio Otomano, en la actualidad Bulgaria. En su casa, en función del interlocutor se hablaba en una lengua u otra; las criadas se comunicaban entre sí en búlgaro y todas sus historias las explicaban en esta lengua; los padres optaban por el alemán para el diálogo de la pareja, pero el resto no entendían ni una sola palabra; y, con los niños, los parientes y los amigos se decantaban por el español. En realidad, esta era la lengua de la familia, un castellano antiguo, el sefardí. No olvidemos la expulsión, en determinados momentos de la historia, de aquellos que no compartían la religión, la cultura, la lengua o la ideología oficial. No obstante, Canetti tenía el deseo de conocer el idioma en el que se hablaban sus padres. Aquella lengua y todo lo que estaba relacionado con esta forma de hablar le parecía mágico (Canetti, 1985: 45-46):

Hablaban alemán, el idioma de sus felices años de escuela en Viena. [...] Se ponían de lo más animados y divertidos, y yo relacionaba esta transformación con el sonido del idioma alemán. Los escuchaba, muy concentrado, y después les preguntaba por el significado [...] Yo creía que se trataba de cosas maravillosas que solo se podían decir en este idioma [...] entre los muchos deseos vehementes de este periodo, comprender su idioma secreto para mí fue el más vehemente [...] y no solamente hablaban entre ellos alemán: mi padre leía diariamente el *Neue Freie Presse* y cuando lo desplegaba era un gran momento. Tan pronto como empezaba a leer, no se interesaba en absoluto por mí, ya sabía que entonces no contestaba a nada, mi madre tampoco le hacía ninguna pregunta, ni tan siquiera en alemán. Intentaba descifrar qué era aquello que tanto le fascinaba del diario, primero pensaba que era el olor y, cuando estaba solo y no me veía nadie, me subía a la silla y lo olía ávidamente. Pero entonces observé que iba moviendo la cabeza a lo largo de la hoja y yo le imitaba por detrás sin tener el diario delante de los ojos, lo tenía él entre las manos, encima de la mesa, mientras yo jugaba en el suelo, detrás de él. [...] Entonces me habló, antes de ir a ocuparse de la visita, y me explicó que se trataba de letras, muchas pequeñas letras, que me señalaba dando unos golpecitos con el dedo. Pronto aprendería, dijo, y despertó en mí un anhelo insaciable de letras.

La actividad lectora significa una de las principales adquisiciones de los niños; por este motivo, influirá de forma positiva o negativa en el desarrollo de su personalidad. Entre otros factores, podemos citar su papel en la construcción de la sensibilidad, puesto que gracias a la lectura se verá doblemente enriquecida o malherida, como también condicionará en gran medida la apertura al mundo, aumentada o disminuida en función de la competencia lectora. Incluso algunos autores hablan de una especie de capacidad moral que la experiencia de leer hace madurar y a la cual Martha Nussbaum (1997, en 2000: 31) da especial importancia, la imaginación. Y esta relevancia apunta en dos sentidos: por un lado, la imaginación que nos hace más cercanos en la relación con los demás y, por otro, la imaginación que nos abre mundos posibles:

> Un niño privado de historias está, a su vez, privado de ciertas formas de ver a las demás personas, ya que al igual que el interior de una estrella no se puede ver, tampoco se encuentra a la vista el interior de las personas. Se han de elaborar conjeturas. Y será imposible llegar a la conclusión de que esta serie de personas que se encuentran ante mí tienen emociones, sentimientos y pensamientos igual que yo, si no se ejercita la imaginación.

La imaginación aliada con el lenguaje nos permite fortalecer y enfrentarnos a los conflictos de la vida. Podemos enlazarlo con las propuestas de cómo la lectura literaria ayuda a la construcción de las identidades, a la personalidad, a la subjetividad de las personas, incluso a la reconstrucción de estos ámbitos ante los obstáculos y las adversidades, como propone Michèle Petit (2008 y 2014).

Somos la única especie que explica el mundo y que se explica a sí misma a través de ficciones o relatos, que desea y que utiliza la lectura para lograr curar e incluso sanar. Mediante las palabras podemos compartir universos interiores. Y, sin lugar a duda, ampliamos nuestro corto y limitado tránsito vital por este mundo mediante la palabra. Podemos coexistir gracias al lenguaje y a la ficción de dos geografías: el espacio tangible y un universo paralelo que nos pertenece en exclusiva. El profesor de Standford Richard Rorty (2016) piensa que leer nos ha cambiado la mente de manera irreversible. A partir de la lectura hemos desarrollado una anomalía llamada «ojos interiores». Gracias a la lectura hemos ampliado nuestro horizonte y nuestro universo de manera exponencial. Este diálogo, esta interacción que es la lectura, nos acerca al resto de seres humanos a lo largo de la historia. Establecemos una conversación o interacciones con personas que vivieron y escribieron en el siglo XV o en el siglo XVIII. Y que se pueden activar en el momento en que las leemos.

¿Qué sucede en nuestro cerebro cuando leemos? R. Mar et al. (2006 y 2009) o D. Comer y E. Castaño (2013), entre otros, señalan en sus investigaciones que, al leer las acciones de un personaje de ficción, en el cerebro se activan las áreas motoras como si se realizase esta actividad. Es decir, mientras leemos vivimos o revivimos aquello que leemos, según se refleja en la actividad cerebral, como se ha comprobado con las técnicas de neuroimagen. A partir de estas afirmaciones aseguran que las personas que leen, en el caso concreto de la literatura, poseen una mayor capacidad para comprender y ponerse en el lugar de otras personas, así como para percibir el mundo desde diferentes perspectivas. Incluso hay algunos trabajos científicos (Lee et al., 2014) que muestran que leer a un niño un cuento sobre la honestidad llevó al niño a actuar con más honestidad cuando se le presentó la oportunidad de mentir o engañar. Leer ficción, por tanto, ayuda al lector a emplear su imaginación para ponerse en el lugar de otra persona. Es decir, estos experimentos e investigaciones a partir de la neuroimagen han demostrado que, cuando leemos, se activan las mismas áreas del cerebro que al estar inmersos en una situación similar cuando la realizamos a nivel físico. No solo nos ayuda a reparar restos que pueden habérsenos desprendido en algún momento, sino que también puede ayudarnos a mejorar carencias o erosiones neuronales. En este sentido, el profesor Sebastià Serrano (2023: 261), de la Universitat de Barcelona, nos dibuja un horizonte muy sugerente:

> Mediante el ejercicio de leer, sobre todo literatura, nuestros ojos activan un cúmulo de asambleas neuronales instaladas en las partes más diversas de nuestra geografía cerebral, de adelante hacia atrás, de arriba abajo y de izquierda a derecha del cerebro. Estimulan percepciones, memorias, emociones, sentimientos, razonamientos y tomas de decisión. [...] Este viaje mental debería considerarse como la mejor de las gimnasias cerebrales a fin de favorecer la salud mental y al mismo tiempo enriquecer el mundo interior de la persona que lee.

Por tanto, cuanto mejores lectores seamos cada uno de nosotros, cuanto más lectora sea una sociedad en su conjunto, más preparado estará un país para enfrentarse a los retos y los problemas que nos plantea, no solo el presente, también el futuro.

Con el fin de no perdernos en una enumeración exhaustiva y, también, seguramente incompleta, ante el elevado número de aspectos y ámbitos del ser humano en los que influye la lectura tanto en las etapas formativas como en el aprendizaje a lo largo de la vida, preferimos recurrir a la sabiduría popular para plasmar de forma breve y lúcida el irreemplazable papel del adulto en este proceso, pues en nuestra lengua se resume a la perfección con las siguientes palabras: «tal fem els grans, tal faran els infants». Creemos que en esta sentencia se condensa de manera nítida una de las premisas fundamentales para conseguir el hábito lector. Obviamente, no nos encontramos ante una fórmula de probada infalibilidad; no obstante, configura una notable ayuda en este heterogéneo y dinámico periplo de la edificación de las costumbres que nos convierte en lectores asiduos.

LA COMPRENSIÓN LECTORA O LEER PARA COMPRENDER

Hace ya unos meses, a finales del curso pasado, se produjo bastante revuelo, incluso cierto ruido mediático, al menos en algunos sectores sensibilizados de la sociedad, a causa de la publicación de los resultados de la prueba PIRLS 2021 (IEA STUDIES, 2023), que, como saben ustedes, evalúa la comprensión lectora a nivel internacional de distintos países.[1] Los resultados son alarmantes: la comprensión lectora de los niños de primaria cae, en algunos lugares, hasta siete puntos en cinco años. En el Estado español sigue por debajo de la media europea y de la OCDE.

1. PIRLS mide la comprensión lectora en niños de 4.º de primaria de 57 países.

En relación con el anterior estudio (PIRLS, 2016), España ha bajado 7 puntos.[2] Algunos investigadores señalan que este descenso podría ser una respuesta al impacto que la pandemia de la COVID-19 ha tenido sobre el funcionamiento de los centros educativos. Desde nuestro punto de vista, la epidemia ha podido acentuar el problema, pero este es profundo y viene de lejos. Tanto la pandemia como todo aquello que nos rodea se ha convertido en la excusa perfecta para justificar cada uno de nuestros problemas y muchas de las actuaciones tan surrealistas que, a veces, llevan a cabo los gobernantes. Es evidente que son muchos los factores que intervienen, como también lo es que será necesario que todos juntos –empezando por las administraciones educativas– encontremos y apliquemos las medidas correctivas pertinentes. Eso sí, de manera reflexiva y sosegada.

Para nosotros, y hago referencia a aquellos que nos dedicamos a la investigación educativa, para muchos docentes y para muchos padres y madres, la comprensión lectora ha sido y es siempre una prioridad. Y también lo ha de ser para cada persona, y con esto me refiero a que todas y todos tenemos una responsabilidad. Ha quedado claro que no solo se trata de que las criaturas deben leer, sino de cómo leen. Debemos hacer que puedan reflexionar sobre las lecturas, que desarrollen el espíritu crítico (no hace falta decir que retirar Caperucitas Rojas, transformar al lenguaje políticamente correcto rondallas de Enric Valor o censurar a Roahl Dahl, las revistas *Camacuc* y *Cavall Fort* o los libros de temática LGTBI está en las antípodas de esto).

Al fin y al cabo, no parece que, a nivel social, en general, exista una conciencia clara de la necesidad de mejorar estos índices de comprensión lectora. Recordemos que el poder, es decir, aquellas y aquellos que

2. En el caso de España –y según datos del informe elaborado a partir del PIRLS 2021 por el Ministerio de Educación y Formación Profesional, en el que se comparan los resultados del Estado español con los países de la OCDE y la UE–, se observa que entre 2016 y 2021 se invierte la subida experimentada los cinco años anteriores (se publica un PIRLS cada cinco años desde 2001) y, además, con un descenso significativo: de 528 puntos a 521.

ostentan el poder, siempre ha tenido una relación poco entusiasta con la lectura. Lo peor, sin embargo, que nos puede pasar es que la ignorancia y la mediocridad satisfecha campen a sus anchas. Como sociedad no nos lo podemos permitir. Uno de los grandes bienes sociales de un país es su cultura y la educación que reciben los ciudadanos. Porque, ¿somos conscientes de la magnitud de la tragedia?

Leer sin comprender no es leer, ya lo hemos dicho; un lector que no entiende se convierte en un analfabeto funcional, es un peligro del cual ya alertó la UNESCO hace más de tres décadas. La comprensión lectora, sin embargo, requiere un tiempo de calidad que cada vez cuesta más encontrar en los centros educativos. La lectura no es una destreza que se adquiere de forma definitiva. Es muy compleja y lenta; cuanto más conocimiento, mejor leemos.

Sabemos que más o menos en cuarto de primaria los niños y las niñas llevan a cabo una revolución intelectual heterogénea que debe permitirles pasar de aprender a leer a aprender leyendo. Hasta ese momento, el estudiantado adquiere las destrezas que permiten leer; a partir de entonces es necesario que haga de la lectura un instrumento esencial de la comprensión del mundo. Luri (2023), a partir de los datos de PIRLS, nos dice:

> Es un predictor muy fiable de la trayectoria escolar futura, podemos permitirnos intuir el éxito o el fracaso de un alumno a los 16 años por el vocabulario que utiliza a los 9. [...] PIRLS, pues, nos ofrece al mismo tiempo una radiografía colectiva de cuarto de primaria y un diagnóstico de lo que puede ocurrir al final de la ESO.

Leemos en *La isla del tesoro*, al caracterizar al personaje John Silver el Largo: «Barbacoa no es un hombre corriente. Recibió una buena educación en su juventud y, cuando quiere, habla como un libro abierto». Hemos comprobado que John Silver el Largo no necesitaba aprender a leer; había aprendido en la buena educación de la época. Gozaba de una excelente competencia lectora. Como sigue ocurriendo en la actualidad en la educación pública inglesa, que se sitúa en el *top ten* del informe PIRLS.

Como diríamos algunos investigadores (Blakemore y Frith, 2011; Ballester, 2011 y 2015; Ballester e Ibarra, 2016; Cairney, 2018; Rodríguez, 2023), comprender un texto es como entrar en una casa con dos grandes estancias que se comunican: por una parte, una dedicada a la lectura de palabras, que requiere en primera instancia una progresiva sensibilización a los sonidos y al reconocimiento de los rasgos gráficos de las letras y que necesita, en segunda instancia, un entrenamiento en la fluidez de la decodificación, y, por otra parte, la comprensión. Cuestión que se dice muy fácilmente, pero que es muy intrincada.

La suma de estos dos grandes ámbitos, que se deben trabajar de forma sucesiva, abre un espacio infinito, el de la comprensión lectora, el descubrimiento de un bagaje muy vasto de tipologías textuales. De esta forma se erige el fundamento sólido sobre el que construir automatismos que pueden aportar al aprendiz lector independencia con textos que quiere comprender y de los que debe formarse su propia interpretación.

El edificio de la comprensión lectora está lleno de estancias que van superponiéndose y que se abren a medida que avanzamos, estancias a las que, a menudo, será necesario volver para consolidarlas y que deben amueblarse para sentirnos cómodos mientras practicamos la lectura. Todos lo hemos hecho y lo hacemos. La construcción de este gran andamio de la comprensión lectora se inicia muy temprano, como señalaba aquel príncipe de los humanistas, Geert Geerts, más conocido como Erasmo de Rotterdam, *De pueris statim ac liberaliter instituendis*, es decir, *Educad a los infantes desde bien temprano en las letras* (2016). Sabemos, por activa y por pasiva, que la lectura compartida, la lectura de textos de todo tipo en voz alta, la repetición de trabalenguas, juegos lingüísticos y todo un bagaje muy vasto son el hormigón armado sobre el que se sostendrá la casa. Seguir estas prácticas marcará una diferencia sustancial en la vida de los niños y las niñas, incluso pueden corregir un sesgo social que se transforma en un lastre cultural de por vida. La enseñanza en general y, en concreto, la enseñanza pública tiene la obligación de realizarlo.

Si somos lo que somos porque leemos, es porque, al leer, desarrollamos algunas de las capacidades cognitivas más específicas del ser humano. Todo ello ocurre cuando aprendemos a leer, como un paso más, un escalón más en la escalera de este inmueble que es la lectura. Recordemos que la comprensión lectora es fruto de la multiplicación de capacidades de decodificación del lenguaje. Leer, entre otras cuestiones, es la habilidad de situar significativamente un texto, cualquiera que sea, en un contexto determinado, sin el que resultará incomprensible. Paulo Freire (2014: 28) apuntaba: «... la comprensión de un texto no es algo que se recibe como un regalo: exige trabajo paciente»; por tanto, es necesario buscar este punto de confrontación y, así mismo, de extrañamiento que obligue a quien quiera entenderlo a sumergirse en este mar profundo e infinito, en este viaje sin límites.

Italo Calvino cultiva una noción epistemológica de la literatura como «un mapa del mundo y de lo cognoscible» (1995: 233); nosotros ampliaríamos esta noción haciéndola nuestra y jugando con el hecho lector. Podemos interpretar este mapa, el mapa de los distintos tesoros, el mapa de la existencia y del conocimiento, porque lo sabemos leer. Recuerden que el grupo de bucaneros no podía escapar de la isla al no saber leer los mapas de navegación. Como una forma de conocimiento y de reflexión a partir de su recorrido, el tesoro es la lectura. Aprendemos a leer y a vivir a medida que hacemos el viaje. Como hizo de forma perspicaz e, incluso, libertaria, un tal John Silver el Largo. Y me gustaría acabar con una escritora a la que tengo en especial estima:

> A veces he soñado que cuando llegue el día del Juicio Final y los grandes conquistadores y abogados y estadistas vayan a recibir sus recompensas –sus coronas, sus laureles, sus nombres grabados indeleblemente en mármol imperecedero–, el Todopoderoso se volverá hacia Pedro y le dirá, no sin cierta envidia cuando nos vea llegar con nuestros libros bajo el brazo: «Mira, esos no necesitan recompensa. No tenemos nada que darles. Han amado la lectura».

Virginia Woolf *dixit* (2014: 80).

Referencias bibliográficas

AUDEN, W. H. (2013): *The Dyer's hand and other essays*, Faber and Faber.

BÁEZ, F. (2004*a*): *Historia universal de la destrucción de libros*, Destino.

BÁEZ, F. (2004*b*): «Cuando los intelectuales queman libros», *El País. Babelia*, 9 de septiembre.

BALLESTER, J. (2007): *L'educació literària*, Valencia, PUV.

BALLESTER, J. (2011): *Sobre l'horrible perill de la lectura*, Perifèric.

BALLESTER, J. (2015): *La formación lectora y literaria*, Graó.

BALLESTER, J.; N. IBARRA (2016): «La educación lectora, literaria y el libro en la era digital», *Revista Chilena de Literatura*, 94, pp. 147-171.

BALLESTER, J.; N. IBARRA (2021): «De la Galaxia Gutenberg al universo digital: perfil y formación literaria del lector actual», *Ínsula*, 894, pp. 6-11.

BALLESTER, J.; J. V. SALIDO (coords.) (2023): *Investigación y buenas prácticas en educación lectora*, Octaedro.

BETTELHEIM, B.; K. ZELAN (1982): *On learning to read. Children's fascination with meaning*, Knopf.

BLAKEMORE S. J.; U. FRITH (2011): *Cómo aprende el cerebro: las claves para la educación*, Ariel.

BLOOM, H. (2001): *How to read and why*, Touchtone.

BOLLMANN, S. (2006): *Las mujeres, que leen, son peligrosas*, Maeva.

BORGES, J. L.; E. VÁZQUEZ MARÍN (2000): *Introducción a la literatura inglesa*, Emecé.

BRADBURY, R. (2011): *Fahrenheit 451*, Simon & Schuster.

CABRÉ, J. (2005): *La matèria de l'esperit. Al voltant de la lectura literària*, Proa.

CAIRNEY, T. H. (2018): *Enseñanza de la comprensión lectora*, Morata.

CALVINO, I. (1995): *Saggi 1945-1985*, Mondadori.

CALVINO, I. (2012): *Se una notte d'inverno un viaggiatore*, Mondadori.

CALVINUS (Jean Calvin) (2008): *Institutes of the Christian Religion*, Audubon Press.

CANETTI, E. (1985): *La llengua salvada*, Proa.

CASSANY, D. (2006): *Rere les línies. Sobre la lectura contemporània*, Empúries.

CASTILLO GÓMEZ, A. (2004): *Historia mínima del libro y de la lectura*, Siete mares.

CAVALLO, G.; R. CHARTIER (dirs.) (2001): *Histoire de la lecture dans le monde occidental*, Seuil.

CERRILLO, P.; E. LARRAÑAGA; S. YUBERO (2002): *Libros, lectores y mediadores*, Universidad de Castilla-La Mancha.

CHARTIER, A. M.; R. CHARTIER (2023): «La formación de los lectores: una perspectiva històrica», en J. Ballester y J. V. Salido: *Investigación y buenas prácticas en educación lectora*, Octaedro, pp. 13-24.

CHARTIER, A. M.; J. HÉBRARD (2000): *Discours sur la lecture (1880-2000)*, Fayard.

COLOMER, T. (2006): *Andar entre libros: la lectura literaria en la escuela*, FCE.

COMER KIDD, D.; E. CASTAÑO (2013): «Reading Literary Fiction Improves Theory of Mind», *Science*, 342, pp. 377-380, en línea: <https://www.science.org/doi/10.1126/science.1239918>.

ECO, U.; J.-C. CARRIÈRE (2009): *Non sperate di liberarvi dei libri*, Bompiani.

FEDERACIÓN DE GREMIOS DE EDITORES DE ESPAÑA (2023): *Hábitos de lectura y compra de libros en España 2022*, en línea: <https://www.federacioneditores.org/lectura-y-compra-de-libros-2022.pdf>.

FREIRE, P.; P. FAUDEZ (2014): *Por una pedagogía de la pregunta*, Siglo XXI.

GEERTS, G. (Erasmo de Rotterdam) (2016): *Eduqueu els infants ben aviat en les lletres*, Adesiara.

GFEN (Groupe Français D'education Nouvelle) (1978): *Le pouvoir de lire*, Casterman.

IEA STUDIES (2023): Progress in International Reading Literacy Study (PIRLS) 2021, en línea: <https://www.educacionyfp.gob.es/inee/evaluaciones-internacionales/pirls/pirls-2021.html>.

LARIOS, J. (ed.) (1996): *Llegir i escriure*, Empúries.

LEE, K. et al. (2014): «Can Classic Moral Stories Promote Honesty in Children?», *Psychological Science*, 25(8), pp. 1630-1636, en línea: <https://ggsc.berkeley.edu/images/uploads/Lee_et_al_2014_Can_Classic_Moral_Stories_Promote_Honesty_in_Children.pdf>.

LEWIS, C. S. (2000): *Essay Collection and Other Short Pieces*, Harper Collins.

LURI, G. (2023): «*El zoo d'en Pitus* s'ha quedat sense lectors», *El País. Quadern*, 23 de junio.

MANGUEL, A. (2005*a*): *Una historia de la lectura*, Alianza.

MANGUEL, A. (2005*b*): *Vicios solitarios: lecturas, relecturas y otras cuestiones éticas*, FGSR.

MAR, R. et al. (2006): «Bookworms versus nerds: Exposure to fiction versus non-fiction, divergent associations with social ability, and the simulation of fictional social worlds», *Journal of Research in Personality*, 40, pp. 694-712, en línea: <https://doi.org/10.1016/j.jrp.2005.08.002>.

MAR, R.; K. OATLEY; J. PETERSON (2009): «Exploring the link between reading fiction and empathy: Ruling out individual differences and examining outcomes», *Communications*, 34, pp. 407-428.

MARINA, J. A.; M. VÁLGOMA (2005): *La màgia de llegir*, Plaza & Janés.

NABOKOV, V. (2009): *Curso de literatura europea*, Ediciones B.

NUSSBAUM, M. (2000): *Poetic Justice. The Literary Imagination and Public Life*, Beacon Press.

ORDINE, N. (2020): *L'utilità dell'inutile. Manifesto*, Bompiani.

PETIT, M. (2008): *L'art de lire ou comment résister à l'adversité*, Belin.

PETIT, M. (2014): *Lire le monde. Expériences de transmission culturelle aujourd'hui*, Belin.

PROUST, M. (2013): *Sur la lecture, suivi de Journées de Lecture*, J'ai Lu.

RODRÍGUEZ LÓPEZ, J. (2023): *Lectocracia. Una utopía cívica*, Gedisa.

RORTY, R. (2016): *Philoshophy as Poetry*, University of Virginia Press.

SAVATER, F. (2002): *La infancia recuperada*, Taurus.

SERRANO, S. (2023): *El regal de la lectura*, Arallibres.

STEVENSON, R. L. (1985): *Treasure Island*, Oxford University Press (ed. E. Letley).

STEVENSON, R. L. (1985): *La isla del tesoro*, Siruela (trad. J. L. López Muñoz).

STEVENSON, R. L. (1998): *Treasure Island*, Edinburg University Press (ed. W. R. Katz).

STEVENSON, R. L. (2000): *L'illa del tresor*, Bromera (trad. Josep Franco).

STEVENSON, R. L. (2001): *L'illa del tresor*, Quaderns Crema (trad. Joan Senent).

STEVENSON, R. L. (2003): *La isla del tesoro*, Cátedra (trad. J. A. Molina Foix). Véase el apéndice II: «Mi primer libro: *La isla del tesoro*», pp. 367-375.

WOOLF, V. (2014): «How Should One Read a Book», en *Essays on the Self*, Notting Hill (ed. Joanna Kavenna), pp. 64-80.

YUBERO, S.; E. LARRAÑAGA (2023): «La porosa realidad de la lectura. Investigaciones transfronterizas», en J. Ballester y J. V. Salido: *Investigación y buenas prácticas en educación lectora*, Octaedro, pp. 79-92.